Du même auteur à l'école des loisirs :

Mademoiselle Tout-à-l'envers • Le chien qui voulait être chat • Le Père Noël et les fourmis • L'Afrique de Zigomar • Pipioli la terreur • Plouf ! • L'ogrionne • Biplan, le rabat-joie • Zigomar n'aime pas les légumes • Le roi et le roi • Patatras ! • L'ogre, le loup, la petite fille et le gâteau • Papa ! • Papa, maman, ma sœur et moi • Mademoiselle Sauve-qui-peut • Les deux goinfres • Tête à claques.

à Elsa

Loi numéro 49 956 du 16 juillet 1949 sur les publications
destinées à la jeunesse : septembre 1999
Dépôt légal : avril 2003
Imprimé en France par Mame Imprimeur à Tours

Philippe Corentin

L'arbre en bois

l'école des loisirs
11, rue de Sèvres, Paris 6e

– Bon, eh bien voilà ! Ha, ha !… Vous allez voir, elle est très, très drôle…
C'est l'histoire de l'arbre qui n'aimait pas les vaches…
– Ah non ! on lui dit à papa. Pas celle-là, papa !

Papa, il est gentil mais il ne nous raconte que des histoires rigolotes. C'est pas rigolo… C'est toujours pareil… Finalement… Ça fait rire et puis c'est tout.

– Nous, on veut une histoire triste, une qui fait très pleurer, avec des gros sanglots et tout…

Ça y est, il boude. Il n'est pas drôle, papa… Il ne nous a même pas embrassés…

En partant il nous a dit qu'on ferait mieux de dormir… Mais nous… On… veut pas dormir… On n'a… pas… som… meil… On… dor… mira… pas… On… veut… une… his… toire… trist…

– Hé !… ho ! moi je vous en raconte une d'histoire d'arbre, si vous voulez…
– De quoi elle se mêle, celle-là ? grogne Baballe, réveillé en sursaut.
Baballe, c'est mon chien. « Celle-là », c'est la table de chevet, là, dans le coin, avec sa lampe sur la tête…

– Alors, je vous la raconte ou pas ? qu'elle fait.
– Qu'est-ce que ça raconte ?
– C'est mon histoire à moi et je vous préviens que pour être triste elle l'est, et pas qu'un peu ! Vous n'allez pas être déçus !
– Vas-y, raconte ! qu'on lui dit, à la table.

– Bon, eh bien voilà…
je n'ai pas l'air comme ça, mais avant d'être une table de chevet, j'ai été un arbre en bois, un grand, avec des branches partout et des feuilles et tout et tout.

– Non… Ça alors !

– Eh oui… Et on venait de très loin pour apprécier mon ombre. Tout ça pour dire qu'on rigolait bien.

– Ah bon ! C'est vrai ?

– Et puis ne voilà-t-il pas qu'un jour
on a eu très mal au ventre.
Même qu'on a tous vomi notre quatre-heures… C'était l'eau de la rivière
au goût dégoûtant d'égout. En encore plus dégoûtant. Pouah !
– Beurk !

– Et puis un matin… ouille, ouille, ouille !
C'étaient les chasseurs. Plein… partout…
On aurait pu faire la grosse bagarre mais on n'avait pas envie…
Enfin bref ! Tout le monde est parti.
– Allons bon !

– Et puis… Aïe, aïe, aïe !
Ç'a été les bûcherons… Mais finalement ça tombait bien. Je venais justement de décider de partir un peu, moi aussi…
– Ah bon !… et alors ?

– Alors ?… Je n'ai pourtant pas l'habitude de me plaindre mais bon !… Passons ! C'est après, que ça s'est vraiment gâté… Quoique quand j'ai fait le bateau… Ça, j'ai bien aimé, c'était plutôt rigolo.
– Ah ! quand même…

– Mais ensuite, oh là ! là !…
Ainsi, tenez, on m'a scié, raboté, cloué, vissé…
Le plus dur c'est quand on a voulu me mettre un tiroir…
– Non !… Arrête ! on ne te croit pas !

– Puisque je vous le dis ! Mais tout ça n'est rien, attendez la suite… Vous savez le plus beau ? On m'avait peint en jaune et j'avais quatre pieds.

– Oh ! Ce n'est pas vrai…

– Et ce n'est pas fini ! Je ne vous raconte pas comment je me suis retrouvé dans la chambre de deux tristounets…

– Ho ! dis ! C'est nous les deux troustinets ?

– Tris-tou-nets, pas troustinets. Oui, c'est vous les deux tristounets. Mais dans cette chambre, heureusement, il y avait un papa rigolo qui, tous les soirs, racontait des histoires rigolotes. Ça, c'était bien.

– Enfin… C'était bien jusqu'à ce soir, mais là, attention, ça ne va plus !
Déjà ce n'est pas drôle de faire la table mais quand, en plus,
on n'entend même plus d'histoires drôles, ça non !
Donc je m'en vais… et puis tiens, je vous laisse ma lampe… Salut !
– Oh l'autre !… qu'est-ce qu'elle nous fait ?

Non, mais je rêve… Elle est partie !
Et puis le lit, qui vient de se réveiller, qui s'en va lui aussi…

… avec les chaises et ma petite bibliothèque,
celle qui était près de la porte… avec tous nos livres rigolos…

Quelle histoire !...
Heureusement, on a eu le temps de prendre nos oreillers...